EN BUSCA

DEL AUTOCONTROL

AUGUSTO CURY

EN BUSCA
DEL AUTOCONTROL

OCÉANO

EN BUSCA DEL AUTOCONTROL

Título original: BUSCANDO O AUTOCONTROLE

Traducción: Pilar Obón

Diseño de portada: Rafael Brum
Fotografía del autor: © Instituto Academia de Inteligência

D.R. © 2025, Editorial Océano de México, S.A. de C.V.
Guillermo Barroso 17-5, Col. Industrial Las Armas
Tlalnepantla de Baz, 54080, Estado de México
info@oceano.com.mx

Primera edición en Océano: 2025

ISBN: 978-607-584-019-2

Impreso en México / Printed in Mexico

Índice

El verdadero mal del siglo

Durante mis estudios, tuve la felicidad de descubrir el síndrome más generalizado y epidémico que aflige a las sociedades modernas: el síndrome del pensamiento acelerado (SPA). Al mismo tiempo, tuve la desgracia de constatar que gran parte de las personas de casi todas las edades padece ese síndrome en distintos niveles, incluidos los niños, que son tratados como genios o como hiperactivos. Destruimos, sin darnos cuenta, la infancia de los niños.

La calidad de vida no sólo se ve afectada por el contenido pesimista de los pensamientos, sino también por su exagerada velocidad. Acelerar sin control el pensamiento es señal de la falla más evidente del Yo como gestor de la mente.

Nadie soportaría ver por mucho tiempo una película cuyas escenas pasaran en cámara rápida. Pero por años soportamos que nuestro pensamiento pase su película a alta velocidad. El costo físico y mental es altísimo.

Cualquier persona sabe que una máquina no puede trabajar continuamente a alta revolución, día y noche, pues corre el riesgo de sobrecalentarse y averiarse. Por otro lado, no tenemos consciencia de que pensar en exceso y sin control es una fuente de agotamiento mental.

Pensar es bueno; pensar con consciencia crítica, es mejor aún; pero pensar en exceso es una bomba contra la calidad de vida, la emoción equilibrada y un intelecto creativo y productivo. Nos estamos estresando rápida, intensa y globalmente en la era de las computadoras y de internet. Estamos llevando a nuestra mente a un estado de quiebra colectiva y no percibimos el mal del siglo.

En la era digital, el trabajo mental esclavo lleva a los adultos, e incluso a los niños, al agotamiento cerebral.

En el caso de los niños y los adolescentes, los médicos suelen confundir el síndrome del pensamiento acelerado con el trastorno de déficit de atención e hiperactividad; entonces prescriben ritalina, la droga de la obediencia, para intentar domar el cerebro de los jóvenes. Claro que algunas sustancias pueden ser útiles en niños hiperactivos o extremadamente inquietos, pero sólo por un determinado tiempo. Más importantes son las técnicas de gestión de la emoción para que los niños puedan aprender a gestionar las pérdidas y frustraciones, a ponerse en el lugar del otro y a entender que deben ser autónomos y tener autocontrol.

Aun cuando el contenido sea positivo, culto e interesante, la aceleración del pensamiento genera por sí mismo un intenso desgaste cerebral, y produce una abundante sintomatología. No es necesario haber tenido una infancia enferma para que seamos adultos ansiosos; basta con tener una mente híper acelerada para enfermarnos.

CAUSAS DEL SPA

- Exceso de información.
- Exceso de actividades y compromisos.
- Exceso de trabajo intelectual.
- Exceso de preocupación.
- Exceso de exigencias.
- Exceso en el uso de la televisión, el celular, la computadora.
- Competencia voraz, paranoia por el éxito.

El exceso de información es la causa principal del SPA. En el pasado, la cantidad de información se duplicaba cada dos o tres siglos, hoy lo hace cada año. Pero no es la cantidad de información y de pensamientos lo que determina la calidad de las ideas, es la manera en que organizamos los datos, y no su volumen, lo que define el grado de creatividad.

Es fundamental seleccionar la información. Sin embargo, en esta sociedad propensa a la urgencia, somos pésimos para seleccionar el menú de nuestra mente. Engullimos todo rápidamente, sin digerirlo. ¿Cómo no nos vamos a estresar?

SÍNTOMAS DEL SPA

- Ansiedad.
- Mente inquieta o agitada.
- Insatisfacción.
- Cansancio físico exagerado.
- Despertar cansado.
- Sufrimiento por anticipación.
- Irritabilidad y fluctuación emocional.
- Impaciencia.
- Dificultad para disfrutar de la rutina, aburrimiento.
- Dificultad para lidiar con personas lentas.
- Bajo umbral para soportar las frustraciones.
- Dolor de cabeza.
- Dolor muscular.
- Déficit de concentración.
- Déficit de memoria.
- Trastornos del sueño o insomnio.
- Síntomas psicosomáticos, como caída del cabello, taquicardia, aumento de la presión arterial.

El SPA no es un estrés ordinario y temporal; es una exacerbación de la construcción de pensamientos que genera ansiedad crónica e insatisfacción prolongada. Las emociones placenteras no son estables ni profundas. Las personas que tienen una actividad intelectual intensa, como los médicos, psicólogos, periodistas, ejecutivos y maestros, son las más afectadas por el SPA. Una persona muy estresada que además padece SPA puede gastar más energía que diez obreros. Con frecuencia, las personas más dedicadas y eficientes están fuertemente estresadas.

Sabio es el que hace mucho gastando poca energía. ¿De qué sirve ser una máquina de trabajar, si perdemos a las personas que más amamos, si no tenemos una existencia tranquila, encantadora, motivadora?

¿Por qué muchas personas despiertan fatigadas? Porque gastan mucha energía pensando y preocupándose durante el estado de vigilia. El sueño deja de ser reparador, la energía no se repone.

¿Y por qué surgen los síntomas físicos? Cuando el cerebro está desgastado, estresado y sin haber repuesto su energía, busca órganos de choque para alertarnos. En ese momento aparece una serie de síntomas psicosomáticos, como dolor de cabeza y dolor muscular. Es el grito de alerta de miles de millones de células suplicando que cambiemos nuestro estilo de vida.

¿Y los olvidos? ¿Por qué tanta gente presenta déficit de memoria? Porque nuestro cerebro tiene más juicio que nuestro Yo. Al percibir que no sabemos gestionar nuestros pensamientos, que estamos agotados, el cerebro utiliza mecanismos que bloquean las ventanas de la memoria, en un intento para que pensemos menos y ahorremos energía. Los olvidos comunes son un clamor positivo del cerebro, que nos avisa que el SPA está asfixiando nuestra mente a tal punto que está comprometiendo la calidad de vida.

LOS NIVELES DEL SPA

Primer nivel: vivir distraído

Se trata de esa persona que se sienta frente a nosotros y parece que nos está escuchando, pero de pronto comienza a mover repetidamente los dedos o a darse pequeños golpes en las piernas. Puedes estar seguro de que esa persona no escuchó casi nada de lo que dijiste. Esos individuos miran hacia una dirección, pero están desconectados. Leen un texto, pero no retienen nada. Tienen un Yo desconectado, desconcentrado.

Segundo nivel: no disfrutar de la trayectoria

Se trata de esa persona que se sienta a leer un periódico, un libro o una revista y siempre comienza la lectura de atrás hacia adelante, pues no tiene paciencia para seguir la trayectoria normal. Cuando logran el éxito, tales individuos no lo celebran. No descansan ni disfrutan de su propia victoria.

Tercer nivel: cultivar el tedio

Se trata de esa persona que siempre está buscando algo que no existe fuera de ella, sino dentro. Tales individuos le tienen horror a la rutina, todo los cansa con rapidez. Es difícil que se relajen y disfruten el ambiente. Por lo general, piensan que los demás son superficiales, que sus conversaciones son aburridas. Cuando están en casa, se apoderan del control remoto de la televisión y vuelven loco a todo el mundo, cambiando de canal a cada instante.

Cuarto nivel: no soportar a los lentos

Se trata de esa persona que no logra explicar algo dos o tres veces sin perder la paciencia. Cree que sus compañeros de trabajo tienen algún problema mental o son negligentes, ya que no logran seguir su ritmo y raciocinio. Tales individuos no entienden que, en general, no son las personas que les rodean las que son lentas, sino que ellos son demasiado rápidos y seguirles el paso es una tarea dantesca. Esas personas son verdugos de sí mismas. Tienen muchas probabilidades de convertirse en las más ricas del cementerio, o las más perfectas en la cama de un hospital.

Quinto nivel: preparar las vacaciones diez meses antes

Se trata de esa persona que pasa días y meses esperando las vacaciones. El primer día de vacaciones, no puede relajarse sin saber por qué. Al segundo día está tan irritada que parece un gerente financiero exigiendo todo a todos. Al tercer día, los hijos y la pareja ya no soportan a tales individuos. Al cuarto, ni ellos mismos se aguantan. Al quinto, son invadidos por el SPA y quieren volver al campo de batalla —el trabajo—, pues sólo se sienten vivos combatiendo.

Sexto nivel: hacer de la jubilación un desierto

Se trata de esa persona que piensa ansiosamente en su jubilación, contando mes a mes el tiempo que falta para salirse de ese caldero de estrés que es el trabajo. Por fin, llega el gran momento. La primera semana es maravillosa: visita a los amigos, cuida las plantas, lee algunos textos. Con el paso de los meses, viene el ataque del SPA. El perro comienza a irritarle, los vecinos se vuelven desagradables, la persona no cultiva amistades, comienza a sentirse inútil. Tales individuos no saben conversar sobre trivialidades, sólo saben hablar de trabajo y vivir bajo la presión y las exigencias. No se preparan para disfrutar de la vida, descansar, contemplar lo bello. El resultado de décadas de trabajo es depresión y enfermedades psicosomáticas.

CONSECUENCIAS GRAVES DEL SPA

- Envejecimiento prematuro de la emoción.
- Insatisfacción crónica.
- Quejas frecuentes.
- Yo rígido y saboteador.
- Pérdida de vigor.
- Emoción que oscila entre el cielo y el infierno.
- Inmadurez de la emoción.

- Egocentrismo, egoísmo e individualismo.
- Dificultad para superar los conflictos y adaptarse a las adversidades.
- Dificultad para luchar por tus sueños.
- Muerte prematura del tiempo emocional, la vida pasa en un abrir y cerrar de ojos.

En la era de la humanidad estresada, en la era del síndrome del pensamiento acelerado, las personas no saben intervenir en su mente.

Una condición básica e insustituible para la salud mental, la tranquilidad y la salud social es dar un golpe de gestión de la mente humana para administrar la producción de pensamientos. El estilo de vida de quien sufre del síndrome del pensamiento acelerado necesita una cirugía, no un tratamiento clínico. Quien no es capaz de hacerle una cirugía a su agenda tendrá dificultades para ser un buen gestor de su mente.

Desde los primeros años de la infancia nos entrenan para tener una higiene corporal, tomar una ducha, cepillarnos los dientes y lavarnos las manos, pero no aprendemos a descontaminar y limpiar nuestra mente, a reeditar la fuente inconsciente de la que emanan las ideas y preocupaciones angustiantes. En un intento por librarse de pensamientos y emociones indeseables, las personas suelen recurrir a cuatro fórmulas que incluso pueden funcionar para problemas simples, pero que no resuelven los problemas más complejos. Éstas son: intentar dejar de pensar, intentar olvidar, intentar distraerse e intentar cambiar de idea.

Si el Yo no actúa como gestor psíquico para filtrar los estímulos estresantes, su ánimo, placer, ánimo y disposición mental fluctuarán como un barco sin timón y sin ancla en pleno mar abierto.

8 TÉCNICAS PARA GESTIONAR EL SPA

- Capacitar al Yo para ser el autor de su propia historia.
- Ser libre para pensar, pero no esclavo de los pensamientos.
- Gestionar el sufrimiento por anticipación.
- Hacer higiene mental.
- Reciclar las falsas creencias.
- No ser una máquina de trabajar.
- No ser una máquina de información.
- No ser un traidor de la propia calidad de vida.

Para gestionar la ansiedad producida por el SPA, debemos usar esas técnicas diariamente.

No es fácil administrar nuestra mente. Si lo fuera, un padre o un maestro rara vez cometerían actos que comprometen la formación de la personalidad de sus hijos y alumnos, pues casi todos tienen la intención de ser tolerantes, pacientes, promover la vida y no destruirla.

Una mirada multifocal a la inteligencia

Pensábamos que el conocimiento intelectual sería suficiente para enfrentarnos a los desafíos cotidianos, que nuestras habilidades técnicas bastarían para garantizar nuestro éxito, pero el mundo nos lanza nuevos retos. Cada día nos damos cuenta de la necesidad de resolver problemas que son cada vez más complejos.

Los profesionales competentes e inteligentes desde el punto de vista cognitivo y cultural pueden tener dificultades para relacionarse, para soportar frustraciones y lidiar con sus propias emociones. Las habilidades emocionales son por completo distintas de las habilidades técnicas. Cada vez que trabajamos en equipo, interactuamos con personas y tomamos decisiones a partir de tareas colectivas. La inteligencia que sólo se enfoca en los aspectos cognitivos ya no toma en cuenta nuestras exigencias.

¿QUÉ ES LA INTELIGENCIA?

En 1905 los psicólogos Alfred Binet y Théodore Simon crearon la Prueba de Binet-Simon, una de las primeras pruebas de CI (coeficiente intelectual) para medir la inteligencia del niño a través de las habilidades lingüísticas y matemáticas.

En 1983 Howard Gardner, psicólogo cognitivo y educacional, amplió esa visión e introdujo el concepto de las inteligencias múltiples, que son:

- Inteligencia lógico-matemática: capacidad de realizar operaciones numéricas y de hacer deducciones.
- Inteligencia lingüística: habilidad de aprender idiomas y usar el habla y la escritura para alcanzar objetivos.
- Inteligencia espacial: interpretación y creación de imágenes visuales e imaginación pictórica.
- Inteligencia kinestésica: capacidad de controlar los movimientos corporales y mantener el equilibrio.
- Inteligencia interpersonal: habilidad de entender las intenciones y los deseos de los demás mediante las relaciones.
- Inteligencia intrapersonal: capacidad de conocerse a uno mismo, de identificar los propios sentimientos, motivaciones y deseos.

- Inteligencia musical: habilidad de producir, comprender e identificar los distintos tipos de sonidos, de reconocer patrones tonales y rítmicos.
- Inteligencia naturalista: capacidad de conocer y comprender el mundo natural.
- Inteligencia existencial: habilidad de cuestionar la finalidad de la propia existencia, como el sentido y el propósito de la vida.

En 1995 el psicólogo, escritor y periodista Daniel Goleman aportó importantes contribuciones al introducir el concepto de inteligencia emocional y su relación con la capacidad de liderazgo, de organización de grupos y de resolución de conflictos.

En 1999 presenté la teoría de la inteligencia multifocal, que destaca el papel del Yo como gestor de la mente al establecer un ambiente psíquico saludable y favorable para dar un nuevo significado a las experiencias en la memoria, gestionar los pensamientos y la emoción, promoviendo, de esta manera, el desarrollo del resto de las inteligencias y habilidades.

La teoría de la inteligencia multifocal estudia la construcción de la inteligencia, es decir, el nacimiento de las ideas, la construcción de las cadenas de pensamientos, la formación de los archivos intrapsíquicos de la memoria, la lectura de la memoria por parte de los fenómenos intrapsíquicos, los principales tipos de pensamientos, su naturaleza, sus límites, alcance y praxis, el proceso de interpretación y construcción del Yo como gestor del universo mental.

¿Por qué es importante ese estudio? Reflexiona sobre las siguientes preguntas:

- ¿Tú piensas sólo lo que deseas pensar?
- ¿Cuántas veces has deseado no pensar en una ruptura, pero lo haces?
- ¿Cuántas veces no has querido pensar en alguien que te ofendió, pero lo haces?
- ¿Cuántas veces no has querido sufrir por el futuro, pero lo haces?
- ¿Cuántas veces has deseado tener una mente más tranquila?

Rumiamos las críticas, las ofensas, los resentimientos e injusticias. Algunos son víctimas de fobias y se vuelven esclavos en sociedades libres. La teoría de la inteligencia multifocal ofrece técnicas para la gestión de los pensamientos perturbadores y de las emociones tóxicas, con lo cual previene los trastornos mentales. Las herramientas de gestión de la emoción propician el cambio de pensamiento y la transformación de hábitos no saludables en hábitos inteligentes.

Existe, en los bastidores de la mente humana, un mundo por descubrir, lleno de riquezas y posibilidades maravillosas. Procurar conocer ese territorio fascinante es una aventura indescriptible, un viaje importante y muy interesante. Es en la mente donde el ser humano tiene la oportunidad de caminar por las avenidas de su propio ser.

Sabemos que muchas personas fracasan al querer cambiar algún comportamiento. Sucede que quieren cambiar primero por fuera, pero sólo es posible modificar un comportamiento transformando primero la forma de pensar. Y eso sólo es posible modificando primero la forma de mirar. Debemos desarrollar una mirada multifocal.

La mirada multifocal observa los fenómenos desde múltiples ángulos para percibir los distintos matices de la realidad, abrir nuestra mente a múltiples lecturas del mundo, ampliar las posibilidades de interpretación y de una toma de decisiones más asertiva y eficaz. Quien posee una mirada multifocal piensa, igualmente, de manera multifocal. Por otro lado, quien mira de forma unifocal sólo tiene una perspectiva, un solo punto de vista, piensa de forma unifocal.

El Yo y los copilotos de la aeronave mental

La teoría de la inteligencia multifocal (TIM) retrata tres grandes áreas de la inteligencia. La primera es la más profunda y se refiere a los fenómenos inconscientes que actúan en milésimas de segundo en el rescate y la organización de la información de la memoria y, en consecuencia, en la construcción de pensamientos y emociones. Esa producción es consignada miles de veces al día por el registro automático de la memoria, o fenómeno RAM, construyendo la plataforma que conforma el Yo con la actuación de sus cuatro copilotos. Todo lo que percibimos, sentimos, pensamos, experimentamos se convierte en ladrillos de la construcción del Yo.

La segunda área abarca las complejas variables que influyen en fracciones de segundo los fenómenos que leen la memoria y producen los pensamientos e imágenes mentales. Entre esas variables destacan:

- "Cómo estoy": estado emocional y motivacional.
- "Quién soy": la historia existencial archivada en las ventanas de la memoria a lo largo de la vida.

- "Dónde estoy": el ambiente donde nos encontramos y las personas con las que estamos.
- "Quién soy genéticamente": la naturaleza genética y la matriz metabólica cerebral.
- "Cómo actúo como gestor de la mente": el Yo como director del guion de su propia historia.

La tercera gran área de la inteligencia se refiere a los resultados de las dos primeras áreas, es decir, los comportamientos. En esa área se pone en evidencia la rapidez del raciocinio, el grado de memorización, la capacidad de asimilación de información, el nivel de madurez en los focos de tensión, así como los grados de tolerancia, inclusión, solidaridad, generosidad, altruismo, seguridad, timidez y espíritu emprendedor.

A diario producimos innumerables cadenas de pensamientos, ansiedad, sueños, angustias, placeres que el fenómeno RAM archiva de manera automática en la memoria.

Todas nuestras experiencias, todo lo que captamos a través de los cinco sentidos, quedan registrados en nuestra memoria, sin consentimiento del Yo.

Podemos ser libres para ir adonde queramos, pero no somos libres para decidir lo que se registra en nuestra memoria.

EL GATILLO DE LA MEMORIA

Es el fenómeno que da inicio al proceso de lectura e interpretación, en milésimas de segundo, de la ventana registrada por el fenómeno RAM. Mientras lees este texto, estás detonando miles de veces el gatillo de la memoria para abrir las ventanas, examinar la información que contiene y realizar el proceso de asimilación y comprensión. Por eso, este fenómeno se llama también autocontrol.

Sin el gatillo de la memoria, el Yo estaría completamente confundido, desorientado. Pero el gatillo se vuelve un problema cuando abre ventanas *killer* (traumáticas). En ese caso, secuestra o aprisiona al Yo, produce fobias, inseguridad, reacciones impulsivas, angustias, falsedades, intolerancia, radicalismo, individualismo. Si no gestionamos los pensamientos en esas situaciones, tales experiencias negativas nos dominarán o nos paralizarán.

LAS VENTANAS DE LA MEMORIA

Constituyen regiones de la memoria en las cuales podemos anclar, fijar la lectura y construir pensamientos. Es mediante la lectura de las ventanas de la memoria que podemos ubicarnos en el tiempo y en el espacio, y resolver cuestiones prácticas del día a día. A través de la lectura de esas ventanas, vemos, actuamos y reaccionamos en el mundo.

Existen tres tipos de ventanas de la memoria:

- **Ventanas neutras:** tienen un bajo impacto emocional; corresponden a cerca de 90 por ciento de los registros de nuestra mente. Son millones de informaciones, tales como números, direcciones, teléfonos, datos comunes y conocimientos profesionales.
- **Ventanas *light*:** son los registros de experiencias positivas. Como lo indica su significado en inglés (luz, encender), iluminan al Yo para el desarrollo de las funciones más complejas de la inteligencia: capacidad de pensar antes de reaccionar, de ponerse en el lugar del otro, la resiliencia, creatividad, raciocinio complejo, ánimo, determinación, habilidad de recomenzar, de proteger la emoción, de gestionar los pensamientos.
- **Ventanas *killer*:** son los registros de experiencias negativas, con contenido emocional angustiante, fóbico, tenso, depresivo, compulsivo. Son ventanas traumáticas o zonas de conflicto que, como lo indica su significado en inglés (asesino), matan nuestra autoestima y nuestra fuerza de voluntad, por lo que provocan tensión, tristeza y dolor. Si no se trabajan y se les asigna otro significado, tienen el poder de limitar nuestra capacidad para tomar

decisiones inteligentes, y de llevarnos a cometer actos impulsivos.

¿Cuántas veces herimos a las personas que más merecen nuestra comprensión?

¿Cuántas veces perdemos el control de nuestras reacciones y, después de que desciende la temperatura de la emoción, nos damos cuenta de que podríamos haber tenido actitudes más suaves?

¿Cuántos padres y maestros, en un momento de irritación, dicen lo que jamás deberían decirles a sus hijos y alumnos?

¿Cuántas parejas enamoradas o amistades son destruidas por las ventanas *killer*?

Muchos asesinatos se cometen al calor de las tensiones. Las naciones libran batallas entre sí porque el *Homo sapiens* es dominado por los instintos del *Homo bios*. Las áreas *killer* acaban con la sobriedad incluso de los pensadores. Algunas ventanas *killer* destruyen el raciocinio. Por ejemplo, alumnos brillantes pueden presentar un pésimo rendimiento en un examen al estar ansiosos, o porque bloquean la lectura de las áreas de la memoria que contienen la información que aprendieron.

La intensidad de la emoción determina el nivel de registro de las ventanas de la memoria en la corteza cerebral. Cuanto mayor es la carga emocional, positiva o negativa, mayor será el impacto del registro. Existen ventanas doble P (doble poder) con la capacidad de agregar otras ventanas de contenido semejante para construir plataformas de ventanas y el poder de atraer al Yo.

EL ANCLA DE LA MEMORIA

Es un fenómeno que se fija en determinadas regiones de la memoria, según sea la carga emocional que contienen; así, restringe el territorio de lectura para el Yo y el autoflujo. Se trata de un fenómeno que disloca y es dislocado por otros fenómenos que realizan la lectura de la memoria.

EL AUTOFLUJO

Es una energía vital, que desempeña dos papeles importantísimos:

- Circular por la memoria, leer y releer continua y diariamente sus ventanas, actuales y antiguas, construyendo nuevas ventanas a partir de esas lecturas, desatando cadenas de pensamientos, imágenes mentales y fantasías.

- Producir la mayor fuente de entretenimiento humano, el mundo de los pensamientos, inspirando ideas que motivan a la persona a aspirar, desear y soñar. Sin embargo, si llega a fijarse en ventanas *killer*, el mundo de los pensamientos inducirá a la angustia y al estado de ánimo depresivo.

EL GRAN GESTOR DE LA MENTE

El piloto de la aeronave mental debería ser el Yo. Y digo "debería" porque con frecuencia el Yo no asume su papel, no desarrolla un raciocinio multiangular para ser el autor de su propia historia. Estamos en la era de la informática, de la transmisión de datos vía satélite, del genoma, de la robótica, pero estamos en la edad de piedra en la actuación del Yo como gestor psíquico.

El Yo representa nuestra autoconsciencia, la consciencia de la esencia humana (lo que somos), de nuestra identidad (quiénes somos), de nuestro papel social (lo que hacemos), de nuestra ubicación en el tiempo y el espacio (dónde estamos). En teoría, el Yo debería ser el agente modificador de nuestra historia, pues a él le toca realizar la higiene mental, reciclar los pensamientos, reeditar la película del inconsciente y superar nuestros conflictos. Cuando dejamos que los copilotos asuman el mando de la aeronave mental nos volvemos rehenes de nuestros pensamientos.

Basado en sus cimientos históricos, el Yo como gestor psíquico debería desarrollar los más diversos niveles de habilidad para elegir amistades, objetos, ambientes, situaciones; tomar actitudes, reaccionar, callar, hablar, trazar caminos, soñar, elegir objetivos, actuar dentro de sí mismo, comprenderse, actuar, rechazar, modificar su historia, adaptarse.

Para Paulo Freire, educar es construir, es liberar al ser humano del determinismo para que tome sus decisiones, reconozca el papel de la historia y comprenda su dimensión individual. En la psicología multifocal, educar es, sobre todo, formar al Yo como gestor de su mente, como agente de cambio de su historia y de la historia social. La formación del Yo es la base del proceso de formación de la personalidad.

Si el Yo es saludable, si hubiera aprendido a ser el actor principal, a tener autocrítica, a debatir ideas, a trabajar las adversidades, la personalidad estará bien construida, organizada, estructurada.

Si el Yo es conformista, desdichado, pesimista, si está controlado por el miedo y por la depresión, la personalidad se verá comprometida. Las trampas en las que se ve envuelto el Yo determinan el éxito o el deterioro de la formación de la personalidad y de sus capacidades.

En mi opinión, todo ser humano presenta carencias en alguna de las áreas de la personalidad. No conozco a nadie que tenga un Yo plenamente autoconsciente y consciente de sus papeles como gestor del intelecto.

Metafóricamente hablando, el inconsciente es como una compleja metrópolis, con innumerables barrios, calles, avenidas, parques. El inconsciente enfermo es una ciudad con las calles llenas de baches, mal iluminadas, con los supermercados saqueados, los teatros vacíos.

Una persona que sufrió abusos sexuales, privaciones, pérdidas, violencia social, que fue víctima de guerras o ataques terroristas, no necesita volver a urbanizar toda la ciudad de su mente para hacerla habitable. Si eso fuera necesario, probablemente nunca ejercería su derecho a ser feliz y tranquila. Es posible sobrevivir con la reurbanización de un solo barrio importante. Nadie tiene que ser plenamente saludable en todas las áreas de su inconsciente para ser alegre, lúcido, productivo. Ten en cuenta que muchas personas son productivas a pesar de ser obsesivas o inseguras, o de padecer alguna fobia.

La gran ciudad psíquica no es perfecta, pero podemos construir barrios muy agradables. Cuando entramos en barrios mentales depredados, jamás debemos castigarnos, renunciar, permitir ser controlados por la culpa y creer que el conflicto ha vuelto con toda su fuerza. Esas recaídas deben ser encaradas como oportunidades preciosas para reconstruirse, reeditar las zonas de conflicto que no se volvieron a urbanizar.

Cuando el Yo no es el piloto de la aeronave mental, existe:

- Propensión a la depresión y a los trastornos ansiosos.
- Propensión a una personalidad irritable, inquieta y crónicamente insatisfecha.
- Sensación de pender de un hilo debido a los síntomas psicosomáticos.
- Dificultad de entregarse y confiar en las personas, por el miedo a decepcionarse o a ser traicionado.
- Posibilidad de ser rico en términos financieros, pero miserable en términos psíquicos.

Cuando el Yo es el piloto de la aeronave mental, la persona:

- Preserva su salud mental.
- Se vuelve más tranquila y serena con el paso del tiempo.
- Tiene una órbita propia, no gravita en torno a los pensamientos e ideas perturbadoras ni de los accidentes sociales.
- No es esclava del pasado ni del presente, mucho menos de lo que los demás piensan y hablan de ella.
- Valora su calidad de vida más que el oro y la plata.

Para ser gestores inteligentes y eficientes del intelecto debemos aprender a trabajar con las siguientes herramientas:

- Ser conscientes de la existencia del Yo, que representa la capacidad de elección, la autodeterminación y la consciencia crítica.
- Entrenar al Yo para administrar pensamientos, ideas, imágenes mentales y fantasías.
- Ser conscientes de que no es sólo la calidad de los pensamientos en el teatro psíquico la que puede comprometer la salud mental, sino también la cantidad de pensamientos.

- Como ya vimos, el SPA compromete la interiorización, la concentración, la observación, la deducción y la inducción, y bloquea funciones vitales del intelecto.
- Dar un golpe de gestión a la mente, utilizando el arte de la duda para cuestionar todo lo que nos controla, todas las falsas creencias, dogmas enfermizos, verdades absolutas.
- Dar un golpe de gestión a la mente, utilizando el arte de la crítica para reciclar cada idea pesimista, cada imagen mental perturbadora.
- Intervenir en el momento para desacelerar los pensamientos, aliviar el SPA y estimular al Yo a dejar de ser un espectador pasivo del teatro mental y asumir su papel como actor principal de ese teatro, como director del guion de la obra existencial.
- Producir ventanas paralelas en la memoria. Hacer la mesa redonda del Yo fuera del foco de tensión, reunirse con los miedos, angustias, fantasías e inseguridades para cuestionar sus causas y consecuencias.
- Reeditar la película del inconsciente. Hacer la mesa redonda del Yo dentro del foco tensión, cuando la ventana *killer* esté abierta, es decir, en el momento de la crisis, del ataque de pánico, de la reacción fóbica, del sentimiento de pérdida.
- Filtrar los estímulos estresantes, usando los procedimientos antes mencionados.

El Yo y los pensamientos

El Yo no sólo es el ente ejecutivo de la mente humana; es el puente entre el consciente y el inconsciente, entre los pensamientos y los sentimientos, entre la razón y la emoción. Existe una estrecha relación entre lo que piensas y lo que sientes. Si tus pensamientos no están gestionados por el Yo, si no pasaron por un control de calidad, tus emociones quedarán a la deriva.

Los pensamientos son los rieles de la emoción. Para gestionar la emoción es fundamental gestionar primero los pensamientos. La gestión de los pensamientos involucra:

- **Despertar la autoconsciencia:** ser autoconsciente significa ser consciente de ti mismo, de tus características positivas y negativas, de tus limitaciones y potencialidades, de tus pensamientos, emociones, sentimientos y comportamientos. Es la postura madura de quien analiza su papel como ser humano, compañero y profesional, que pondera sus actos, juzga sus comportamientos, reflexiona sobre sus reacciones, conjetura consigo mismo. Una persona que tiene autoconsciencia y habilidad para aumentar la base de lectura de la memoria jamás venderá su dignidad ni su tranquilidad por un precio bajo.

- **Desplazarse de las ventanas *killer* a las ventanas *light*:** no permitir el encarcelamiento del Yo en zonas traumáticas en los focos de tensión. Desplazar el proceso de lectura de la memoria hacia otras zonas que ofrezcan respuestas interesantes y transformar así la crisis en una oportunidad para crecer y debatir ideas.

El arte de pensar es el mayor espectáculo de la existencia humana. Ser gestor de los pensamientos es enfrentar los pensamientos perturbadores, confrontarlos enérgicamente y con coraje.

Dale un golpe de lucidez a tus pensamientos. Niégate a ser verdugo de ti mismo.

Sé el autor de tu propia historia. Cuestiona siempre los patrones de la sociedad.

Hay más basura en nuestra mente que en los mayores vertederos sanitarios del mundo. Existen miles de millones de seres humanos que están destruidos mentalmente. Se alimentan de pensamientos y sentimientos de bajísima calidad, y después no entienden por qué se sienten tan mal en su vida cotidiana.

La mayoría de las veces no cuestionamos nuestras emociones ni pensamientos. Nos dejamos dominar por ellos, y permitimos que se vuelvan escollos en nuestras relaciones y en nuestra carrera profesional.

¿Cuántas veces dejamos de aprender lecciones importantes con una persona, tan sólo porque le tenemos antipatía?

¿Cuántas veces seguimos instrucciones o creemos en la información sin cuestionarlas?

¿Cuántas veces actuamos por impulso, y después nos arrepentimos?

¿Cuántas veces consumimos y hacemos cosas influidos por las motivaciones de los medios, por patrones sociales o por la necesidad de ser aceptados?

En medio de todo eso, ¿dónde queda nuestra libertad de elección?

PENSAMIENTOS PERTURBADORES

Pensar es saludable, el problema es pensar en exceso y con ansiedad. Ningún ser humano puede dejar de pensar; ni siquiera el relajamiento más profundo paraliza por completo la producción de pensamientos, tan sólo la desacelera. Algunos tipos de pensamientos pueden transformar nuestra vida personal y profesional en una pesadilla:

- Pensamientos inquietantes: invaden nuestra mente sin cesar e, incluso deseándolo, no logramos bloquearlos. Generan ansiedad y estresan nuestro cerebro, nos impiden descansar.
- Pensamientos acelerados: como ya vimos, no sólo el mal contenido de los pensamientos afecta la calidad de vida, sino también la velocidad a la que pensamos. El síndrome de pensamiento acelerado (SPA) agota el cerebro.
- Pensamientos desconectados del presente: muchas personas viven presas del pasado, ya sea recordando momentos felices, o rumiando recuerdos infelices. Otras sólo piensan en el futuro, sin actuar en el presente.
- Pensamientos anticipatorios: los problemas que aún no han sucedido provocan sufrimiento en el momento presente.

¿QUÉ PENSAMIENTOS HAN INVADIDO TU TRANQUILIDAD, ROBADO TU PAZ Y TU PLACER DE VIVIR?

Para administrar los pensamientos con sabiduría:

- Toma plena consciencia de ti mismo.
- Desapégate del pasado.
- Planea tu futuro sin dejar de vivir el presente.
- Percibe la perfección del momento presente.
- Ten una vida que te permita realizarte.
- No permitas que nada drene tu energía.
- Sé sensible, pero no hipersensible.
- Desarrolla más habilidades de las que necesitas.
- Vuélvete constructivo, de manera incondicional.
- Orienta tu vida hacia tus valores.
- Desarrolla un dominio de aquello que haces.
- Reconoce y di la verdad.
- Sé firme en tus propósitos y objetivos.
- Sé más humano y más flexible con las opiniones ajenas.

No gravites en torno a los problemas; expande tu visión hacia el campo de las posibilidades. Cuando nos quedamos anclados en los conflictos, nuestro razonamiento es unifocal, no logramos mirar a nuestro alrededor en busca de soluciones. Ampliar la mirada es mirar de manera multifocal. Busca otras perspectivas. Analiza los conflictos desde distintos ángulos. Así podrás percibir alternativas e innumerables posibilidades.

El Yo y las emociones

¿Has pensado qué pasaría si el Yo tuviera plena libertad de ser el gestor de la emoción? Eliminaríamos el tedio; tendríamos acceso a los placeres más efervescentes; la tranquilidad sería nuestra playa; la satisfacción, nuestro espacio más secreto. La muy poderosa industria de los antidepresivos y tranquilizantes desaparecería. La industria del ocio menguaría. La industria de la moda quebraría. No tendríamos que visitar museos ni tomar un buen vino, pues bastaría que el Yo decidiera embriagarse, y la emoción se sometería a él. Sin embargo, el individualismo se multiplicaría, pues ya no necesitaríamos amar, interactuar, convivir. Las relaciones interpersonales como fuente de placer se volverían innecesarias.

Nunca seremos plenos gestores de la emoción, porque las consecuencias serían peligrosas. Sin embargo, las consecuencias son igualmente graves si el Yo no ejerce ninguna gestión.

Sería un absurdo que un conductor retirara las manos del volante y dejara que el auto avanzara sin control. Ese absurdo ocurre en nuestra mente. Las personas dan rienda suelta a sus emociones, sin dirección, sin la mínima gestión. Se someten al estado de ánimo triste, fóbico, depresivo, pesimista, como si fueran marionetas, como si no tuvieran ningún poder de gestión.

El Yo, como gestor de la emoción, debe actuar como administrador de los sentimientos, de la inseguridad, de los temores, de los miedos, de las angustias, de la tristeza, de los celos, de la agonía, de la aflicción. Debe dar un golpe de lucidez a las emociones, ejercer un control de calidad y propiciar el cultivo de la tranquilidad, del placer, del disfrute existencial.

Es importante entender qué es lo que da origen a las emociones, pero también es importante ejercer la administración psicodinámica. Es importante estudiar la génesis de los traumas, del fundamento histórico de los conflictos, pero igual de indispensable es que el Yo sea entrenado para actuar como director del guion emocional. A veces, las emociones que podrían ser administradas con una simple actuación del Yo tardan meses en resolverse, porque el Yo no es líder de sí mismo.

LOS TERRITORIOS PSÍQUICOS

El Yo debe gestionar todos los días el duelo constante entre los dos territorios psíquicos: el de la lógica y el de la emoción.

El territorio de la lógica se caracteriza por el raciocinio lógico-lineal, por la existencia de leyes y por el pensamiento concreto. La lógica es fundamental para el análisis de los fenómenos, para el estudio de la historia, de las matemáticas, de las leyes del universo, de la química, de la física, de la resolución de problemas prácticos como cuestiones financieras y administrativas.

Sin embargo, la persona que vive tan sólo en el territorio de la lógica, que percibe el mundo, las relaciones y a sí misma desde la perspectiva del pensamiento lógico-lineal, puede desarrollar una mirada unifocal, es decir, una visión que interpreta la vida exclusivamente a partir de ese territorio. Esto puede ser nocivo en las muchas situaciones que exigen sensibilidad y habilidades emocionales para resolver los problemas. Las personas que adoptan una visión lógica del mundo pueden volverse inflexibles, rígidas, frías, demasiado calculadoras, insensibles, incapaces de ver más allá de lo concreto.

El territorio de la emoción está constituido por sentimientos saludables y no saludables; es fundamental en las relaciones, en el autoconocimiento, en la búsqueda del sentido de la vida, en el placer de vivir. Nos permite identificar nuestros sentimientos, percibir los sentimientos ajenos y desarrollar relaciones empáticas, crear vínculos, conocer nuestros anhelos más profundos, el sentido de la vida que buscamos y el genuino placer de aquello que nos hace bien. Sin esas habilidades no construiríamos una vida plena ni promoveríamos la calidad en nuestras relaciones y en nuestra salud mental, que dependen fuertemente de nuestra vida emocional.

Mientras tanto, la persona que sólo vive en el territorio de la emoción puede volverse hipersensible, frágil, incoherente, inconsecuente (no piensa en el mañana), compulsiva, impulsiva, se le manipula con facilidad. El territorio emocional es esencial para la felicidad y peligroso si creemos ciegamente en todo lo que sentimos, tanto sobre nosotros mismos como sobre los demás.

Es preciso saber negociar con ambos territorios, el de la lógica y el de la emoción; saber cuáles son las habilidades mentales que se deben utilizar en cada momento.

Es necesario que desarrollemos un tercer territorio: el territorio multifocal. Éste promueve el equilibrio entre los territorios de la lógica y de la emoción; usa el arte de la duda y de la crítica para dar un golpe de lucidez a la emoción y utilizar la sensibilidad para ampliar la perspectiva reduccionista de la lógica. En el territorio multifocal, el

Yo analiza las situaciones desde múltiples ángulos y determina hacer elecciones saludables en la vida.

Desde el punto de vista biológico, seremos direccionados hacia los territorios de la emoción y de la lógica. En varias ocasiones, el Yo se queda anclado en esos territorios, pero a medida que ampliamos la consciencia crítica sobre lo que ocurre en nuestra mente, comenzamos a dominar ambos territorios y desarrollamos, así, la visión multifocal.

¿Cómo hacerlo?

PRIMER PASO:

IDENTIFICAR LO QUE CAUSA LA PÉRDIDA DE CONTROL

Como vimos, nuestros comportamientos no siempre son lógicos. Muchas veces actuamos de determinada forma sin entender por qué. Eso sucede debido a los archivos que están almacenados en nuestra memoria, al modo en que las experiencias fueron registradas y, sobre todo, a la intervención (o no) del Yo.

Un Yo débil queda a merced de los copilotos, que activan experiencias anteriores y hacen surgir todas las emociones y pensamientos del pasado. Si se trata de recuerdos tóxicos, el Yo débil queda preso en las ventanas *killer*, y su actitud en el presente podrá ser agresiva y descontrolada. Un Yo maduro aplica las herramientas de gestión de la emoción y actúa con sabiduría.

Por ejemplo, imagina que, en tu infancia, tu padre o maestro te llamó la atención frente a los demás; tú te sentiste avergonzado y humillado, y eso quedó registrado en tu memoria como una ventana *killer* de alta carga emocional. Ahora imagina que tu pareja cuestiona tu opinión frente a otras personas. ¿Cuál sería tu reacción?

¿En qué tipo de situación sueles perder el control?

¿Cuando alguien te rebasa en el tráfico?

¿Cuando alguien habla mal de ti con los demás?

¿Cuando alguien desobedece tus órdenes?

¿Cuando alguien hace algo que no te gusta?

SEGUNDO PASO:

BUSCAR FORMAS MADURAS Y SALUDABLES DE ACTUAR

Comienza ya a construir en tu mente gatillos inteligentes para acceder a ellos en situaciones cotidianas de conflicto. Elige ser libre y sabio. Ejerce la paciencia y la humildad. La paciencia es fundamental para apostar todo lo que tienes por quienes poco tienen. Y la humildad, para dar tantas oportunidades como sea necesario a ti mismo y a quienes amas.

TERCER PASO:

VERTE A TI MISMO COMO UN SER HUMANO EN CONSTRUCCIÓN

Controlar nuestra forma de actuar no es algo simple, ni fácil. Es un perfeccionamiento que exige mucha voluntad para cambiar y bastante disciplina.

La persona cuyo Yo no es gestor de la emoción:

- Se vuelve insegura, emocionalmente frágil, desprotegida.
- Con frecuencia vive estresada, ansiosa e irritada, es reactiva e impulsiva.

- Desarrolla una emoción poco hábil, fluctuante, inestable, sin gobernabilidad.
- Se vuelve especialista en reclamar.
- Tiene muchos conflictos en sus relaciones sociales, no es incluyente ni despierta admiración.
- Tiene una visión pesimista y nociva de las relaciones sociales.
- Le cuesta contemplar lo bello, disfrutar de la vida y dejarse encantar por las personas.

La persona cuyo Yo es gestor de la emoción:

- Se vuelve segura de sí misma, posee autoconfianza y autodeterminación.
- Desarrolla altruismo y carisma. Se vuelve incluyente, agradable, influyente.
- Desarrolla una autoestima sólida y estabilidad emocional. Construye una historia de amor con la existencia.
- Tiene más facilidad para liberar su imaginación y ser creativa, productiva, constructora de nuevas ideas: mente libre, emoción libre.
- Deja de ser esclava del miedo, de la angustia, del tedio, de las calumnias, de las difamaciones, de lo que los demás dicen de ella.
- Vive la vida con más aventura y deleite.

Las siguientes son herramientas para capacitar al Yo como gestor de la emoción:

- Hacer la mesa redonda del Yo para abordar todas las emociones que lo controlan y anulan y fomentan los conflictos.
- Evitar exigir lo que los demás no pueden dar.
- Dar sin esperar demasiado a cambio.
- Entender que detrás de una persona que hiere hay una persona herida.
- Ser libre de la dictadura de la respuesta.
- No gravitar en torno a lo que los demás piensan y dicen de ti. Tener tu propia órbita.
- Desarrollar la consciencia de que el territorio emocional es un espacio particular e inviolable, y no una tierra de nadie. No permitir que te invadan.
- Tener autodeterminación, metas claras, consciencia de tu identidad y de tu capacidad.
- Ser selectivo, dar prioridad a las cosas relevantes, no dar importancia a las nimiedades ni comprometer tu tranquilidad por cosas irrelevantes.
- Desacelerar los pensamientos, administrar el SPA (síndrome de pensamiento acelerado), que es la mayor fuente de insatisfacción y ansiedad en la actualidad.

- Rediseñar tu estilo de vida, ser calmado, mesurado, caminar paso a paso. Aprender a hacer una cosa a la vez.
- Valorar y disfrutar el viaje tanto como el punto de destino.

El Yo y los estímulos estresantes

Existen tres grandes fuentes de estímulos estresantes: social, psíquica y orgánica. Los estresores orgánicos están ligados a la carga genética y a alteraciones del metabolismo cerebral, en especial de los neurotransmisores (serotonina, adrenalina, noradrenalina, acetilcolina). Si aprendemos a filtrar los estímulos estresantes provenientes de las fuentes social y psíquica, mejoramos mucho nuestra calidad de vida, aunque tengamos factores orgánicos que nos hagan propensos a desarrollar ansiedad y depresión.

La fuente social de estrés es gigantesca; involucra las pérdidas, ofensas, decepciones, rechazos, abuso sexual, vergüenza, presiones, competencia voraz, amenazas, muerte de personas queridas, enfermedades físicas. Los estímulos estresantes externos provienen en especial de los conflictos en las relaciones con los padres, los hijos, los amigos, la pareja y los compañeros de trabajo.

La fuente psíquica de estrés es aún mayor que la social; implica las fobias, la depresión, la angustia, los pensamientos nocivos, los pensamientos obsesivos, las ideas perturbadoras, las imágenes mentales controladoras, las fantasías enfermizas, las falsas creencias, las inseguridades, la timidez. Los estímulos estresantes psíquicos provienen de la memoria de uso continuo (MUC, o centro consciente) y de la memoria existencial (ME, o centro inconsciente).

Las zonas de conflicto archivadas en la MUC pueden hacernos rumiar pensamientos pesimistas, celos exacerbados, traumas no superados. La ME almacena millones de experiencias archivadas desde la vida fetal. Las angustias, la tristeza que se experimenta al atardecer, la irritabilidad, la timidez y la impulsividad que no tienen una explicación clara emanan de las zonas de conflicto archivadas en la ME.

Para filtrar los estímulos estresantes, es necesario desarrollar la capacidad psíquica de digerirlos. Al igual que con el estómago físico, que digiere los alimentos y al mismo tiempo combate bacterias y otros microorganismos con el jugo gástrico, debemos desarrollar un estómago psíquico. Los jugos gástricos del estómago psíquico son la duda y la crítica.

Sin el arte de la duda y de la crítica, no es posible habilitar al Yo como gestor del intelecto. La mente humana sería un vehículo sin dirección, una aeronave sin piloto.

El ser humano de la sociedad contemporánea necesita dos grandes golpes: uno filosófico y uno psicológico, un golpe del arte de la duda y un golpe del arte de la crítica. Sin eso no hay manera de dar un golpe de gestión a la mente.

Todos los días, en el silencio de nuestra mente, debemos dudar de todo aquello que nos controla. Debemos gritar dentro de nosotros, protestar, cuestionar, argumentar, inquirir e incluso rebelarnos contra todos los estímulos internos o externos que nos aprisionan, que infligen un dolor innecesario y generan inestabilidad, desánimo, inseguridad e insatisfacción crónica.

La dictadura de los pensamientos mórbidos y del estado de ánimo depresivo puede ser derrocada por la revolución del Yo, por la acción de un Yo combativo, que se rebela contra la cárcel mental, el sentirse víctima y el conformismo.

¿Cómo podemos cuestionar nuestra narrativa, nuestro estilo de vida, nuestras ideas fútiles? Es necesario dar un golpe psicológico diario en el silencio de nuestra mente, donde criticaremos, analizaremos, ponderaremos, compararemos e impugnaremos todos los estímulos sociales y psíquicos que nos controlan. Es casi imposible ser saludable en esta sociedad agitada y consumista sin desarrollar el estómago psíquico saturado de enzimas del arte de la duda y de la crítica.

¿Cómo confrontaremos la dictadura del pensamiento acelerado? ¿Cómo gestionaremos la agresividad y la necesidad neurótica de poder? A través del arte de la duda y de la crítica, donde el Yo puede filtrar todos los paradigmas irracionales, los dogmas existenciales y los pensamientos destructivos que compramos como verdaderos.

Ya vimos que no es posible borrar los registros de la MUC y de la ME. Sin embargo, es posible reeditar la memoria.

Es a través del diálogo interno que podemos construir ventanas *light* paralelas a las ventanas *killer*. Pero ¿quién dialoga sistemáticamente con sus conflictos? ¿Quién se reúne con sus miedos y discute su coherencia? ¿Quién se reúne con sus resentimientos y hace un debate lúcido?

Estamos entrenados para administrar el ambiente exterior, pero no para hacer una mesa redonda usando la duda y la crítica para dar un golpe de gestión a nuestra mente, para construir ventanas saludables paralelas a las ventanas traumáticas. Por eso preservamos, por décadas, no sólo los grandes conflictos, sino también los pequeños.

Creemos que hablar con uno mismo es cosa de locos. Pero la verdadera locura es no admitir nuestras locuras. Es locura no conversar con franqueza con nuestras locuras.

La mesa redonda del Yo es una técnica psicodinámica, histórica, filosófica, existencial. Promueve la formación de ventanas light que contienen audacia, autodeterminación, consciencia crítica, seguridad.

Esas ventanas se abren al mismo tiempo que las ventanas *killer*, apoyando al Yo para que tenga serenidad en situaciones tensas, coherencia en crisis en las cuales sería difícil razonar. Esas ventanas paralelas funcionan como filtros del miedo y de las fantasías en el momento de las crisis. De ese modo, el Yo deja de ser una marioneta de los conflictos y ejerce la gestión psíquica.

La mesa redonda del Yo hace colapsar la trampa del conformismo. Debe realizarse antes, durante y después de las crisis, pero en especial antes y después, cuando las ventanas *killer* están cerradas.

Debemos practicar a diario un diálogo inteligente con nosotros mismos para domesticar nuestros fantasmas mentales. Siempre produciremos basura mental y emocional, pero podemos transformarla en un abono para crecer.

Cuestiona tus pensamientos, tus sentimientos y tus actitudes. Pregúntate por qué piensas, sientes y actúas de determinadas maneras. No permitas que los pensamientos perturbadores y las emociones tóxicas determinen tus decisiones. Enfrenta todo aquello que te roba la tranquilidad.

Si no es posible reeditar toda la película del inconsciente, debemos reeditar las zonas de conflicto que más influencia tienen en las enfermedades mentales, las ventanas *killer* que más causan fluctuaciones emocionales, depresión, angustia y fobias.

Es preciso tener consciencia de que el territorio emocional es valiosísimo y no puede ser violado por la basura social. Somos conscientes de que nadie puede tomar nuestro auto y conducir sin pedirnos permiso. Nadie puede entrar en nuestra casa si no lo invitamos. Pero nuestra emoción es con frecuencia la tierra de nadie, cualquiera la invade, cualquier rechazo hurta nuestro placer, cualquier pérdida dilapida el patrimonio de nuestra tranquilidad. No estamos entrenados para proteger ese delicadísimo espacio.

El golpe de gestión emocional implica que el Yo cuestione cada emoción débil de la siguiente forma:

- "¿Cómo surgió esa emoción?"
- "¿Cuándo surgió?"
- "¿Por qué surgió?"
- "¿Hasta qué punto me afecta eso y contagia a los demás?"
- "¿Por qué soy esclavo de eso?"
- "¿Por qué no soy libre?"
- "¿Qué hago para ser libre?"

No es defendible decir que el dolor madura al ser humano. Por lo común, el dolor nos destruye, las pérdidas y las frustraciones empeoran al individuo, aplastan la autoestima y disipan el encanto por la vida. El dolor sólo nos enriquece si no tenemos miedo de entrar en contacto con nuestras debilidades y nuestra insensatez, si lo usamos para esculpir nuestros males.

El tiempo no es el señor de la madurez.

Sólo madurarás con el tiempo si el Yo abandona su condición de espectador pasivo, entra en el escenario de tu mente e impugna los pensamientos perturbadores.

Algunos fenómenos mentales se procesan en segundos, antes de que tengamos consciencia del estímulo estresante y de su invasión. Imagina a una persona que te calumnió.

La calumnia es como una bomba que estalla en dos etapas. Cuando tomas conocimiento de la ofensa, el gatillo de la memoria dispara, haciendo asociaciones con experiencias pasadas. La explosión es la primera etapa de la bomba, que te deja angustiado, irritado, incluso enfurecido.

¿Y dónde está el Yo? Sin tener consciencia de lo que está ocurriendo, empieza a vivenciar las emociones de la primera etapa. Nadie puede evitar ese proceso inicial, por más que haya desarrollado el pensamiento multiangular. Sólo en un momento posterior, ya iniciada la invasión de la emoción, el Yo toma consciencia del estímulo de la calumnia. Sólo han pasado algunos segundos.

Si el Yo es maduro, si sabe dar un golpe de gestión a la mente, si usa el pensamiento multiangular, abrirá el máximo de ventanas de la memoria, no se someterá a la dictadura de la respuesta, rezará la oración de los sabios (el silencio), recordará que detrás de la persona que hiere hay una persona herida. De ese modo, protegerá el delicadísimo territorio de la emoción y desarmará la segunda y más devastadora etapa de esa bomba.

Si el Yo es inmaduro, unifocal, seguirá dejándose invadir, se embarcará en el sentimiento de ira, furia o miedo, y detonará la segunda etapa de la bomba, mucho más devastadora porque retroalimenta la cadena de sentimientos agresivos y fóbicos, así como la cadena de pensamientos destructivos y autodestructivos. El fenómeno RAM registra esas cadenas, que se producen en segundos, minutos, horas y días posteriores a la calumnia, con lo cual construye innumerables ventanas *killer* en los nobles barrios de la gran ciudad de la memoria.

El gran problema con los trastornos mentales no es el trauma original, como imaginaban Freud y Jung, sino la retroalimentación del trauma en las etapas posteriores, sus desdoblamientos en el teatro psíquico ante un Yo pasivo.

Freud decía que si una persona sufre un trauma los primeros siete años de su infancia desarrollará un trastorno psiquiátrico en el transcurso de su vida. Sin embargo, el problema no es el registro original, como pensaba Freud. El problema es la retroalimentación del trauma y que remuevas la basura del pasado y te la pases rumiándola. Incluso si no tuviste una infancia traumatizada, si en tu vida adulta sufres una traición, decepción o frustración, si pierdes el empleo, pasas por una crisis en tu relación, el biógrafo del cerebro registra una ventana traumática. Si no la impugnas, la confrontas y difieres, si no actúas como el autor de tu propia historia, ese registro será sobredimensionado. Si intentas negar, rechazar o excluir el recuerdo traumático, podrías incluso empeorar la situación, al provocar que el fenómeno RAM registre la ventana *killer* de manera privilegiada.

Si produces una idea de que alguien de tu familia va a fallecer, de que tendrás un problema en el futuro, de que perderás tu empleo, de que no les caes bien a las personas, de que no logras encantar a los demás, de que no eres una persona atractiva —cualquier tipo de pensamiento perturbador—, tienes que mostrarte en desacuerdo con esas ideas. Tienes que usar el pensamiento contra esas nociones; el Yo tiene que gestionar la mente y reciclar la basura mental.

Si no realizas una higiene mental, si no impugnas los pensamientos perturbadores, el biógrafo del cerebro va registrando ventanas *killer*, y te sentirás asfixiado en un lugar donde deberías poder respirar.

Hoy en día las personas no respiran emocionalmente, no tienen libertad. Tenemos asegurado por ley el derecho a debatir y expresar nuestras ideas, pero nunca hubo tantos esclavos en el único lugar en que debemos ser libres: dentro de nosotros mismos.

Aprendemos a detectar los mínimos ruidos en el motor del auto, los malos olores en el refrigerador, la vibración del celular, pero no aprendemos a percibir las alarmantes explosiones que ocurren en nuestro sensible territorio mental. No aprendemos a desarmar la bomba emocional.

Hay personas que retroalimentan las ofensas, rechazos, decepciones y preocupaciones durante meses y años. Contaminan espacios importantísimos de su inconsciente. Es preciso desarmar los gatillos emocionales.

La mayor venganza contra un enemigo no es odiarlo, sino perdonarlo.

Para perdonar, es necesario despedirse del heroísmo y dejar de gravitar en tono a su órbita nociva.

Quien odia a su enemigo es enemigo de sí mismo.

Cuando vemos una película de terror, sabemos que es una escenificación, que no es real. Y aun así, cuando aparece el monstruo, cuando la puerta rechina, se detona la bomba emocional. Comenzamos a sentir miedo, aprensión, inseguridad, pavor, incluso sin quererlo. ¿Por qué tenemos esas reacciones sabiendo que todo es falso? Porque el terror viene de dentro, de las ventanas de la memoria abiertas por el gatillo de la memoria. Si el Yo no da un golpe de gestión, vivenciamos la emoción como si la ficción fuera realidad.

La próxima vez que veas una película con escenas terroríficas, percibe la primera fase de la bomba e intenta dar un golpe de gestión. Es probable que descubras que no es tan fácil. Por eso sufrimos por cosas tontas, vendemos nuestra tranquilidad por boberías.

CUANDO TÚ ERES TU PEOR ENEMIGO

La humanidad padece de un estrés colectivo. Una de cada dos personas, o más de 3.5 mil millones de seres humanos, padece o va a desarrollar un trastorno psiquiátrico. De ellas, quizá ni el 1 por ciento se someta a tratamiento, pues éste no siempre es accesible, y las personas niegan sus enfermedades, viven en un capullo, tienen miedo de reconocer sus desgracias, su inestabilidad, su inseguridad, su impulsividad.

Cuando el Yo no ejerce el control, nuestra mente crea ladrones y terroristas, crea sufrimiento por el futuro y rumia las pérdidas, los resentimientos y frustraciones del pasado. La mente humana puede producir cárceles y hacer que la persona no pueda ser feliz, relajada y realizada. Se vuelve molesta, crítica en exceso, pesimista, temerosa de lo que no ha ocurrido o bien asfixiada por lo que la lastimó y por los fracasos ocurridos.

La mente miente. Nadie puede contarte tantas mentiras y volverte un esclavo de tantas tonterías como tu propia mente.

Si vives en función de la mente de los demás, nunca dejarás de ser una persona estresada. Hay mucha basura en las redes sociales: culto al ego, necesidad neurótica de reconocimiento, exceso de filtros que logran que las personas asuman un rostro que no tienen, una sonrisa que no es la suya.

Además, un patrón tiránico de belleza lleva a millones de mujeres a rechazar zonas de su cuerpo, a mirarse al espejo y preguntar: "Espejito, espejito, ¿hay alguien con más defectos que yo?". Muchas veces, las personas angustiadas e insatisfechas recurren al consumismo para tratar de neutralizar su baja autoestima y su pobre autoimagen, lo cual les causa aún más problemas.

Con una mente sin gobierno, no necesitas tener desafectos o enemigos, porque tú actúas como un depredador de ti mismo.

Siempre habrá personas que no te valoren, siempre habrá *haters* para decir cosas injustas y agresivas por el puro placer de herir a los demás. ¿Y qué? Nuestra paz vale oro, el resto es basura. Claro que nos lastima que alguien nos ofenda, pero para la persona hipersensible, desprotegida emocionalmente, la ofensa arruina el día, la semana, el mes.

Tú serás verdugo de tu propia tranquilidad y salud cuando te exiges de más a ti mismo, cuando no te ríes de una estupidez soportable, o no logras ver un cierto encanto en los defectos ajenos. Cuando no juegas y no te relajas, eres un verdugo de ti mismo. Todo eso hace que tengamos más prisiones en nuestra mente de las que existen en las ciudades más violentas del mundo.

Tú no tienes enemigos en el ámbito del trabajo; puedes tener desafectos, personas que te decepcionan, que te llevan la contraria, pero de manera general, a no ser que haya algún asedio moral, una presión, una agresividad, las personas no son tus enemigas, no actúan como depredadoras. Pero nuestro cerebro agotado, tenso y ansioso, saturado de información, simula una situación psicosomática como si fuera un africano en las sabanas ante una fiera. En ese momento no interesa pensar; en ese momento, lo que importa es huir o luchar.

El mecanismo de huir o luchar está muy presente en el estrés. No estamos en la selva ni en la sabana, pero cuando existe un alto grado de estrés, tensión y ansiedad, la mente acelerada e inquieta lleva al cerebro a percibir un peligro de muerte. Entonces, el cerebro libera sustancias metabólicas como cortisol, adrenalina y norepinefrina, y provoca un aumento de la frecuencia cardiaca y respiratoria, un nudo en la garganta, malestar, aumento de la contracción del esófago, incremento del peristaltismo del intestino, que en algunos casos causa diarrea y en otros una opresión en el pecho. Hay gente que tiene un dolor en el tórax y piensa que se está infartando, cuando en realidad está agotada, estresada.

Cada cuatro segundos, una persona intenta suicidarse; y cada cuarenta segundos, una persona muere por sus propias manos en el mundo. Ninguna de esas personas quiere de hecho matar la vida: quiere matar el dolor, el abandono de sí misma, las angustias, la ansiedad, el autocastigo, pero no la vida.

Todo ser humano, al volver la vista dentro de sí, tiene hambre y sed de vivir, incluso cuando piensa en morir.

El Yo y los demás

El Yo que es líder de sí mismo, que está en control de la aeronave mental y gestiona los pensamientos y emociones, no minimiza al otro, ni aunque éste le ofenda, pues es consciente de que detrás de una persona que hiere, existe una persona herida. Nadie lastima al otro en forma gratuita. Una persona que nos ofende ya fue lastimada. Alguien que nos excluye ya fue excluido en algún momento. Alguien egocéntrico, individualista, está emocionalmente enfermo.

Cuando entendemos eso, podemos ser más tolerantes. Esa comprensión no cambia al otro, pero nos transforma, y es una técnica eficaz para filtrar los estímulos estresantes. Ante una situación de conflicto, siempre debemos preguntarnos:

- ¿Qué hay detrás del comportamiento de la persona que actúa de esa forma?
- ¿Qué la motiva?
- ¿Actuaría yo diferente si estuviera en su lugar?

Si no hacemos estas preguntas básicas en nuestro interior e intentamos responderlas, no tenemos una base para minimizar, denigrar o criticar a nadie.

Nadie hace infelices a los demás si no es infeliz en primer lugar. Aunque creamos que los demás han programado su comportamiento hiriente, no estamos obligados a consumir emocionalmente lo que no nos pertenece.

Nadie es perfecto. Por más éticos, transparentes y humildes que seamos, lastimamos y herimos a otras personas sin darnos cuenta. Por más amable que seas, nunca estarás a la altura de todas las expectativas de las personas que te rodean.

Vivir en sociedad exige gestión de la emoción, y la gestión de la emoción exige tolerancia. El arte de la tolerancia exige abrazar más y juzgar menos en vez de borrar de nuestra memoria a quien nos decepciona.

La salud emocional nos invita a bailar el vals social con una mente flexible. Así irrigaremos los jardines de la memoria, urbanizaremos otra vez el paisaje deteriorado y reciclaremos la basura que se acumula en las calles y avenidas de la mente. Recuerda siempre que las personas radicales son las más infelices y ansiosas del teatro social.

¿Cuántas veces juzgamos a un compañero sin saber su historia, sin conocer sus bastidores y los dolores que lleva en el alma? No entendemos por qué actúa de esa manera, pero cuando comprendemos que su irritación y su agresividad no son con nosotros, sino consigo mismo, el sol emocional brilla de una forma diferente.

Muchas personas desconocen siquiera los bastidores de los miembros de su familia o de las personas con quienes conviven. Pueden pasar años, décadas, sin intercambiar historias, sin conocer las cicatrices o las lágrimas que nunca tuvieron el valor de llorar, sin contar a los demás su propia historia.

Cuando nos permitimos intercambiar nuestros mundos emocionales, somos más tolerantes y menos juzgadores.

Aun así, no siempre logramos conocer las causas que llevan a alguien a herirnos o incomodarnos.

Tu paz vale oro, el resto es basura o, como máximo, irrelevante.

Incluso si el otro no merece tu consideración, tu emoción merece ser equilibrada, mereces ser saludable, mereces tener calidad de vida. Proteger tu emoción, entender lo que está detrás del telón de los comportamientos no significa aceptar la actitud incoherente o agresiva del otro, sino entender que su basura emocional no te pertenece. No consumas la basura ajena, de los medios, de la sociedad. No podemos controlar a los demás ni al mundo, pero podemos y debemos cuidarnos a nosotros mismos.

Es fundamental aprender a dar sin esperar en exceso algo a cambio. Quien espera mucho de los hijos, amigos, compañeros de trabajo, puede decepcionarse, y mucho. Es mejor ser altruista, dar sin grandes expectativas. Si ocurrieran decepciones, estaremos preparados. Si surgieran sorpresas agradables, nos deleitaremos con ellas.

Jamás debemos exigir a los demás lo que no pueden dar. Exigir que un hijo o alumno reconozca sus errores y se mantenga sereno en el momento exacto en que los cometió es una afrenta. Exigir que nuestra pareja sea coherente durante una crisis de ansiedad es una falta de respeto. Querer que los empleados tengan lucidez y reflexión en el momento exacto en que tropiezan o fallan es una injusticia. En esos momentos, las personas están cautivas en las ventanas *killer*, han bloqueado miles de otras ventanas; por lo tanto, no están en condiciones de pensar, analizar y reflexionar desde múltiples ángulos.

Espera primero a que descienda la temperatura emocional de quien falló, dale un tiempo para que respire, para que reflexione. Espera una hora, un día, una semana, lo que sea necesario.

En un segundo momento, sé gentil y elogia. Aunque sea difícil, encuentra puntos en los cuales puedas valorar a esa persona. Conquista la emoción del otro.

Solamente en el tercer momento señala sus errores, detalla sus fallas.

De este modo, se domesticarán los ánimos, se aplacarán las tensiones y será posible la educación. No seremos invasores, sino que contribuiremos al crecimiento del otro. Quien intenta primero conquistar el territorio de la razón y después el de la emoción, como solemos hacer desde los orígenes de la civilización, causará accidentes imprevisibles.

Cuando elogias primero a la persona que se equivoca y después hablas del error, te conviertes en un educador, en un líder que encanta a las personas que lo rodean, dejas de ser autoritario. Te vuelves un poeta de la vida, alguien que estimula a los demás a emprender el viaje más importante: el viaje al interior de sí mismo.

Muchas veces, nuestras interacciones sociales se caracterizan por el cinismo, y con frecuencia se vuelven conflictivas y desgastantes. Eso ocurre, en parte, porque todos están buscando frenéticamente lo que se define como éxito. La idea del éxito en la sociedad occidental está muy relacionada con el poder y las ganancias materiales, lo cual genera una tremenda competitividad, que a veces es desenfrenada y desleal.

Quien no aprende a educar su emoción podrá ser víctima y al mismo tiempo causante de situaciones emocionales conflictivas y desgastantes. Vivirá en busca del éxito material y profesional, y de todo lo que realce su poder social. Claro que esos éxitos son importantes, pero sin el éxito emocional seremos infelices.

¿Cuánta energía emocional gastamos peleando, esclavizados por malos sentimientos? Actuar de manera grosera y atacar no rinde buenos resultados.

Hay personas que dicen: "No tolero los insultos, los devuelvo". Y yo respondo: "Entonces eres una persona desequilibrada; además de traumatizar a quienes están a tu alrededor, registras ventanas traumáticas en ti mismo".

Toda persona que reacciona según el fenómeno de golpe-contragolpe, traumatiza a los demás y a sí misma.

No resolvemos los conflictos elevando el tono de voz. Quien eleva el tono de voz pierde, pierde su autonomía y su seguridad.

SÉ AGRADABLE, ADMIRABLE Y SORPRENDENTE

La persona agradable, admirable y sorprendente no sólo influye en el ambiente social, sino que también revoluciona la relación conyugal y la relación con los hijos, alumnos, compañeros de trabajo, amigos. Esas tres cualidades garantizan las medallas de bronce, plata y oro de las relaciones saludables.

A diario debemos dar los buenos días a quien está en nuestra compañía y alegrarnos con la presencia del otro. Saludar a quien está a nuestro alrededor estimula el fenómeno RAM para sembrar ventanas *light* en la mente de la otra persona.

Las personas agradables construyen, en el ambiente familiar y profesional, una plataforma de ventanas que propicia el optimismo. Son especialistas en relajar a quien está a su lado, ven el lado bueno de todas las cosas. Se ríen de sus propias tonterías y de las de los demás. No llevan una vida a sangre y fuego. Serán eternamente recordadas por sus seres cercanos por su alegría y espontaneidad.

Las personas admirables cultivan ventanas *light* repartiendo elogios. Promueven las características más nobles de la personalidad, realzan lo mejor que hay en ellas, en los demás y en las relaciones. Las personas que saben promover al otro tienen una gran probabilidad de tener relaciones más saludables y profundas.

Para conquistar al otro:

- Elogia más. Una persona admirable siempre está dispuesta a aplaudir, no sólo las grandes conquistas o actitudes, sino también las pequeñas.
- Sé un gran constructor de ventanas *light* en las personas que te rodean.
- Entiende que nadie cambia a nadie, que el único responsable de cambiar es el propio Yo.
- Aprende a reírte de los defectos superables. Ríete de las nimiedades. Recuerda que tú también tienes comportamientos que las otras personas no aprecian.
- Respeta las diferencias. Cada uno de nosotros tiene un ritmo diferente.
- Comprende y acepta más.
- Cumple lo que prometas.

Las personas sorprendentes son poetas de la vida. No necesariamente escriben poemas, pero viven su existencia como si fuera poesía. Son los padres, los amantes, los hijos, los amigos inolvidables e insustituibles.

Quien sorprende dice cosas inesperadas, tiene reacciones imprevistas e impactantes. En vez de ser esclavo de sus propias emociones, abandona sus instintos primitivos de depredador o presa y contribuye a la creación de una nueva historia.

Por ejemplo, cuando alguien te ofenda, di: "Siento que pienses de esa forma, pues te considero una persona brillante". Cuando tu hijo cometa un error, refuerza cuánto lo amas, cuánto crees que él o ella son capaces de no repetir el error.

Cambia tus actitudes.

Con los mismos comportamientos y los mismos hábitos, obtendremos los mismos resultados.

Las actitudes positivas y sorprendentes construyen ventanas *light* doble P (doble poder), de alto poder de anclaje. Cuando surge un estímulo asociado a la experiencia registrada se activa el gatillo de la memoria y abre esas ventanas *light*. Palabras como "Eres muy importante para mí", "Gracias por existir", "Felicidades por ese gesto", son una bomba para el Yo de personas emocionalmente débiles, y hacen que despierten en ese sentido. Los padres inteligentes saben que el arte de agradecer es una forma de sorprender: "Gracias, hija, eres admirable. Estoy orgulloso de ti".

Sorprender no resolverá el conflicto, pero podrá crear un camino para volver a urbanizar los barrios áridos de la memoria y transformar una relación desértica en una relación más agradable. Sé un constructor de ventanas *light* poderosas en las personas con quienes convives. No cedas ante la necesidad neurótica de tener siempre la razón.

Ten el valor de preguntar: "¿Cuándo te lastimé y no lo supe?". No tengas miedo de pedir disculpas ni de decir: "Yo te amo, dame una nueva oportunidad".

¿Cuán sorprendente has sido?

Haz lo inesperado.

Inspira a las personas e inspírate a ti mismo.

Sé merecedor de las medallas de bronce, plata y oro.

Herramientas para desarrollar el autocontrol

¿QUIÉN SOY?

Elige un lugar tranquilo, donde no te interrumpan. Respira profundamente y viaja al mundo de tus pensamientos y emociones. Reflexiona a profundidad sobre cada una de las siguientes preguntas y anota tus percepciones.

¿Quién soy hoy?

Tú eres el fruto de todas las experiencias de tu vida. Todas las lágrimas derramadas, todas las sonrisas y caricias intercambiadas, los éxitos y los fracasos construyeron tu personalidad.

¿Qué es lo realmente importante para mí?

Eso que te motiva a despertar todos los días, lo que no soltarías de ninguna forma.

¿Cuáles son mis mayores conquistas?

¿Qué has conquistado en la vida con tu propio esfuerzo? Identifica las emociones que sentiste en el momento de esas conquistas. Identifica cómo te sientes hoy.

¿Qué aprendí con mis conquistas?

Identifica los aprendizajes y los factores que hicieron la diferencia para alcanzar el éxito deseado.

¿Cuáles son mis mayores pérdidas o frustraciones?

Recuerda tus pérdidas, tus frustraciones y tus fracasos. Identifica las emociones que sentiste en esas ocasiones. Identifica cómo te sientes hoy.

¿Qué aprendí con mis pérdidas y frustraciones?

Identifica los aprendizajes proporcionados por esas situaciones.

¿Cuál es mi búsqueda?

¿Qué te hace querer cambiar tu forma de verte a ti mismo y a los demás? ¿Qué esperas lograr?

¿Qué me estorba en la conquista de mis objetivos?

Identifica tus puntos débiles y tus limitaciones.

¿Cuáles son las fortalezas que pueden ayudar a la conquista de mis objetivos?

Identifica tus puntos fuertes, tus habilidades, lo que te distingue.

MAPEO DE LOS PENSAMIENTOS

Elige un lugar tranquilo, donde no te interrumpan. Respira profundamente y viaja al mundo de tus pensamientos y emociones. Reflexiona a profundidad sobre cada una de las siguientes preguntas y anota tus percepciones.

Recuerda una situación de conflicto que viviste recientemente.

¿Cuál fue tu actitud en esa situación?

¿Quién estuvo en control: tu Yo o sus copilotos?

En caso de que hayas actuado con sabiduría, esto será señal de que tu Yo no se dejó controlar por los copilotos. Si fuiste víctima de los copilotos, no te desesperes. El proceso de cambio exige tiempo, práctica y mucha paciencia. No renuncies y sigue practicando.

ANOTACIONES

ENTENDER EL COMPORTAMIENTO DEL OTRO

Elige un lugar tranquilo, donde no te interrumpan. Respira profundamente y viaja al mundo de tus pensamientos y emociones. Reflexiona a profundidad sobre cada una de las siguientes preguntas y anota tus percepciones.

Identifica a alguien que te lastimó o te hirió recientemente, ya sea en el ámbito personal o en el profesional.

¿Qué hizo esa persona que te perturbó?

¿Conoces los motivos que llevaron a esa persona a actuar de esa manera?

¿Conoces la historia de esa persona?

Si la conoces, ¿es posible entender su dolor, entender que puede ser víctima de cárceles emocionales?

ANOTACIONES

El yo como autor de su propia historia

A lo largo de esta lectura, aprendiste varias técnicas y herramientas esenciales para ser autor de tu propia historia, es decir, para ser capaz de:

- Reconocer la grandeza de la vida y de la historia fascinante que cada ser humano tiene inscrita en su memoria.
- Tener una vida con dirección, construyendo metas claras.
- Tomar decisiones inteligentes y corregir la ruta social, profesional y afectiva.
- Reconocer tus propios límites, fallas, actitudes incoherentes y enfermedades psíquicas.
- Ser determinado y no renunciar a la vida, incluso ante las pérdidas, las dificultades y las decepciones.
- Ser transparente, no esconderte detrás de máscaras sociales.
- Tener autodominio, ser el líder de ti mismo.

Para cerrar, destacaré las actitudes vitales para que tu emoción sea cada vez más libre y tengas una excelente calidad de vida.

SÉ MÁS FLEXIBLE

El bambú, así como el roble, es una planta muy fuerte, muy firme. Entre esas dos bellas especies existe una importante diferencia: la flexibilidad.

El roble es firme, pero inflexible, a diferencia del bambú, que además de fuerte y firme, también es flexible, y por eso puede inclinarse cuando los vientos fuertes lo empujan, cuando las aguas intensas de la lluvia lo encharcan. La fuerza del roble no es suficiente para aguantar los efectos de un temporal. En cambio, el bambú logra resistir, doblándose ante la intensidad del temporal y volviendo a erguirse una vez pasada la tormenta.

Una persona inflexible, que se enfrenta cara a cara, que quiere imponer sus opiniones e ideas a los demás, se desgasta a sí misma y a sus relaciones.

Sé flexible, practica la mirada multifocal, cuestiona tus verdades absolutas y tus creencias limitantes.

La flexibilidad del bambú se debe en parte a su compleja estructura de enraizamiento. Para crecer, el bambú primero solidifica su base. Por cinco años, todo el crecimiento es subterráneo, la raíz se extiende de manera vertical y horizontal por debajo de la tierra. Sólo después, el bambú chino crece por encima del suelo, y llega a alcanzar veinticinco metros de altura.

Viajar dentro de ti mismo, practicar el autoconocimiento, mapear tus fantasmas, redescubrir tus sueños, identificar tus potencialidades y limitaciones, son la base para estructurar un Yo fuerte y saludable.

Recuerda que la paciencia es fundamental. Entre una semilla y los frutos existe un tiempo de maduración. Sé paciente contigo mismo; las técnicas de gestión de la emoción deben practicarse en varios momentos del día para dar musculatura a la emoción.

Una persona que es paciente consigo misma logra tener paciencia con los demás. Cada ser humano es único, y tiene su propio tiempo. No se presiona a una mariposa para que salga del capullo.

Tú tienes, dentro de ti, todo lo que necesitas para tu crecimiento, todo el potencial para ser lo que quieras ser y conquistar el mundo.

TEN UNA HISTORIA DE AMOR CONTIGO MISMO

Desarrolla un romance con tu historia y la bella persona que eres. No te compares con nadie, pues cada uno de nosotros es un personaje único en el teatro de la vida.

Acéptate tal como eres. Reconoce tus imperfecciones y errores, pero recuerda que éstos no definen quién eres, porque tus aciertos y potencialidades son muy grandes. Cuando eres consciente de tener dentro de ti la fuerza necesaria para conquistar tus objetivos y ser feliz, logras cambiar tu historia.

Aprende a:

¡Relajarte más!
¡Jugar más!
¡Abrazar más!

RECONOCE LA GRANDEZA DE LA VIDA

Cada ser humano es una estrella en el teatro de la existencia. El Yo maduro, gestor de su propia historia, es capaz de reconocer la grandeza de la vida.

Reconoce que la vida es breve como los rayos de sol que surgen en la mañana más bella y se despiden al anochecer.

A las personas superficiales, la rapidez de la vida las estimula a vivir de manera destructiva, sin pensar en las consecuencias. A los sabios, la brevedad de la vida los invita a valorarla como un tesoro de inestimable valor.

Sé un minero del oro de tu propio Yo.

Aprende a llevar la vida con ligereza.

Sé libre para amarte.

Muchas personas no se sienten amadas, porque esperan una relación de acuerdo con sus parámetros. El hecho de que una persona no demuestre amor de acuerdo con nuestro parámetro mental, no significa que no nos ame; eso puede ser lo máximo que ella es capaz de amar.

Haz una lista de lo que puedes hacer para agradarte a ti mismo. Si tienes ganas de ir al cine, no esperes a tener compañía. Ve con tu mejor compañero: tú mismo. Si quieres hacer un viaje, no esperes a que alguien vaya contigo.

Estás decidido a ser una persona cada vez mejor. Estás en una jornada para transformar tu vida.

¿Qué tal si comienzas a darte regalos en vez de esperar a que otro lo haga por ti? ¡Cómprate tus propias flores!

Nadie da lo que no tiene.

No le pidas al otro lo que no te puede dar.

No esperes a que el otro te valore en la forma que deseas.

RECONOCE TUS PROPIAS LOCURAS

El mapeo a nosotros mismos debe realizarse constantemente. Es preciso reconocer las enfermedades psíquicas para poder reciclarlas. Es necesario identificar las trampas mentales que asolan nuestra mente, distinguir las locuras que cometemos en los focos de tensión, las creencias que limitan nuestra mirada y nuestras acciones.

Ser autor de la propia historia no quiere decir ser perfecto, no fallar, no llorar y no tener momentos de debilidad. Ser autor de la propia historia es usar cada dolor como una oportunidad para aprender lecciones, cada error como una ocasión para corregir el rumbo, cada fracaso como una oportunidad de adquirir más valor.

Sé un eterno aprendiz, no te cierres a nuevos conocimientos.

Reconoce los puntos que deben mejorarse en tu vida y haz los cambios con paciencia y persistencia.

PONLE MÁS CONDIMENTO A TU VIDA

Si los alimentos saben más sabrosos con los condimentos que les ponemos, con la vida no es diferente. Saber condimentar la vida es aumentar la calidad de las relaciones: una sonrisa, un abrazo, una mirada acogedora, una escucha atenta o un diálogo sincero.

Condimentar la vida es saber dosificar el tiempo y la energía en cada situación que vivimos. Es priorizar lo que realmente es esencial para tu felicidad y la del otro.

Para hacer de la vida una fiesta, nuestro ánimo y nuestra creatividad no pueden estar condicionados a las circunstancias.

Debemos entrenar a nuestra mente a fin de encontrar motivos para reír en las situaciones adversas e inventar estrategias creativas para superar la cárcel de la rutina.

Ser feliz no es tener una vida exenta de pérdidas y frustraciones. Es ser alegre, aunque tengas ganas de llorar. Es vivir intensamente, incluso en la cama de un hospital. Es nunca dejar de soñar, incluso teniendo pesadillas. Es ser joven, aunque tengamos los cabellos canos. Es contarles historias a los hijos, aunque el tiempo sea escaso. Es amar a nuestros padres, aunque ellos no lo comprendan. Es agradecer mucho, aun si las cosas salen mal. Es transformar los errores en lecciones de vida.

Ser feliz es sentir el sabor del agua, la brisa en el rostro, el aroma de la tierra mojada. Es extraer, de las pequeñas cosas, grandes emociones. Es encontrar todos los días motivos para sonreír. Es reírse de las propias tonterías. Es no renunciar a quien se ama, aunque haya decepciones.

Conclusión

Enamórate de la vida, pues por más turbulenta e impredecible que sea, es un espectáculo único e imperdible.

No eres sólo uno más en la multitud.
Nadie es igual a ti en el escenario de la vida.
Eres un ser humano único, insustituible e inolvidable.

Que seas un gran emprendedor. Que cuando emprendas, no tengas miedo de fallar.
Que cuando falles, no tengas recelo de llorar.
Que cuando llores, repienses la vida, pero no retrocedas.

Date siempre, a ti mismo, una nueva oportunidad.

Encuentra un oasis en tu desierto. Los perdedores ven los rayos en las tempestades. Los vencedores ven la lluvia y la oportunidad de cultivar. Los perdedores se paralizan ante las pérdidas y los fracasos. Los vencedores comienzan de nuevo.

El mayor verdugo de un ser humano es él mismo. No seas esclavo de tus pensamientos negativos. Libérate de la peor prisión del mundo: la cárcel de la emoción.

El destino rara vez es inevitable.

El destino es una elección.

Elige ser consciente, libre e inteligente.

Jamás renuncies a las personas que amas. Jamás renuncies a ser feliz. Lucha siempre por tus sueños.

Esta obra se imprimió y encuadernó
en el mes de diciembre de 2024,
en los talleres de Impregráfica Digital, S.A. de C.V.,
Av. Coyoacán 100–D, Col. Del Valle Norte,
C.P. 03103, Benito Juárez, Ciudad de México.